Anna Scheithauer

Die nachhaltigen Entwicklungsziele der Vereinten Nationen. Weshalb LGBTIQA+ Belange in die Agenda 2030 unter der Rubrik Geschlechtergleichstellung inkludiert werden sollten

AF167965

Bibliografische Information der Deutschen Nationalbibliothek:

Die Deutsche Bibliothek verzeichnet diese Publikation in der Deutschen National-
bibliografie; detaillierte bibliografische Daten sind im Internet über http://dnb.d-
nb.de/ abrufbar.

Impressum:

Copyright © 2020 GRIN Verlag
Druck und Bindung: Books on Demand GmbH, Norderstedt Germany
ISBN: 9783346190543

Dieses Buch bei GRIN:

https://www.grin.com/document/542533

Anna Scheithauer

Die nachhaltigen Entwicklungsziele der Vereinten Nationen. Weshalb LGBTIQA+ Belange in die Agenda 2030 unter der Rubrik Geschlechtergleichstellung inkludiert werden sollten

GRIN Verlag

GRIN - Your knowledge has value

Der GRIN Verlag publiziert seit 1998 wissenschaftliche Arbeiten von Studenten, Hochschullehrern und anderen Akademikern als eBook und gedrucktes Buch. Die Verlagswebsite www.grin.com ist die ideale Plattform zur Veröffentlichung von Hausarbeiten, Abschlussarbeiten, wissenschaftlichen Aufsätzen, Dissertationen und Fachbüchern.

Die nachhaltigen Entwicklungsziele der Vereinten Nationen

Weshalb LGBTIQA+ Belange in die Agenda 2030 unter der Rubrik Geschlechtergleichstellung inkludiert werden sollten

Abschlussarbeit zur Lehrveranstaltung:

Architektur der Entwicklungspolitik

Wintersemester 2019

Universität Wien

Verfasserin:

Anna Scheithauer

Abgabedatum: 30.03.2020

Einleitung

Der Aktionsplan der Vereinten Nationen verschreibt sich mit seinen 17 nachhaltigen Entwicklungs-zielen (SDGs) einer besseren und nachhaltigeren Zukunft für alle. Im Zentrum seiner Verpflich-tungen steht dabei das Mantra, dass niemand bei den Entwicklungsbestrebungen zurückgelassen werden soll. Der Gedanke der sozialen Gerechtigkeit, der sich in der Idee des inklusiven Wachs-tums manifestiert, stellt dabei eine wesentliche Errungenschaft gegenüber den Millennium Entwick-lungszielen (MDGs) dar. (EESC, 2019) Trotz diesem sozialen Versprechen lässt sich eine Absenz von LGBTIQA+[1] Belangen in der Agenda 2030 vernehmen. Weder das Entwicklungsziel 5 zur Geschlechtergleichstellung, noch das Entwicklungsziel 10 zu weniger Ungleichheiten weist eine LBTIQA+ Komponente auf. (UN SDG Knowledge Platform) Generell bleibt diese Thematik in allen SDGs inklusive deren Indikatorenkatalog unadressiert. (A/RES/71/313)

Das World Economic Forum führt das Ausblenden von LGBTIQA+ Belange in der 2030 Agenda als unmissverständliches Ergebnis eines globalen Aushandlungsprozesses aus, indem sich Länder wie Russland und der Organisation of Islamic Cooperation, die sich für die traditionelle Familie aussprechen, erfolgreich gegen die Förderung von LGBTIQA+ Belange stellten, während sich Länder des globalen Nordens sich aufgrund wirtschaftlicher und politischer Überlegungen nicht laut genug für deren Inklusion einsetzten. (WEF, 2015) Diese Einschreibung der Aushandlungsprozesse in einen normativ geladenen Nord-Süd Begriff scheint allerdings unangebracht in Anbetracht dessen, dass beispielsweise Südafrika und Länder Lateinamerikas unter den Vorreiter_innen in Sexual Orientation Laws fungieren (ILGA, 2019)

Auch der Vorwurf des Imperialismus beruhend auf dem Argument, dass die LGBTIQA+ Terminologie ein „westliches" Konzept verkörpere und damit für eine globale Entwicklungsagenda unzulänglich sei, lässt sich als Ausdruck der Einschreibung der Aushandlungsprozesse in ein Nord-Süd-Gefälle verzeichnen. Dieser Vorwurf blendet aus, dass die dahinter liegenden Phänomene in jeder Zivilisation und zu jedem Zeitpunk der menschlichen Geschichte existierten und damit kein neues Phänomen mit Ursprung im globalen Norden sind. (Yuvraj, 2018, S. 4-8). Zudem sollen durch das hinzugefügte Plus (+) in der Terminologie auch jene Individuen erfasst werden, die sich in dem eng gefassten Begriff LGBTIQA nicht wiederfinden. (Rumbach und Kyle, 2014, S. 39-41)

Unabhängig von der Nord-Süd Metapher ist allerdings eindeutig, dass sich etwaige Länder gegen

---

[1] Lesben, Schwule, Bisexuelle, Transgender, Intersexuelle, Queer und Asexuelle sowie andere geschlechtsspezifische Minderheiten.

LGBTIQA+ Belange auf globaler Ebene aussprechen (The conversation, 2014) und deren Inklusion in die Agenda 2030 zu verhindern wussten. In Anbetracht eines damit ausbleibenden trickle-down Effekts, scheint diese Exklusion im höchsten Referenzrahmen für Entwicklungsangelegenheiten umso verheerender. Führt man sich beispielsweise Instrumente der Geschlechtergleichstellung[2] zur Umsetzung der Agenda 2030 zu Gemüte, entdeckt man rasch, dass diese von einem rein binär geprägten Geschlechterverständnis ausgehen und somit LGBTIQA+ Inhalte außen vor lassen. Durch diese Spirale der Absenz werden LGBTIQA+ Belange in eine entwicklungspolitische Policy-Nische abgedrängt, die es fortan zu öffnen gilt.

Ziel dieser Seminararbeit ist es deshalb aufzuzeigen weshalb LGBTIQA+ Belange in die Agenda 2030 inkludiert werden sollten. Dabei soll verdeutlicht werden, weshalb diese Inklusion vorrangig im Entwicklungsziel 5 zur Geschlechtergleichstellung verankert werden sollte. Dafür werden zwei Hypothesen herangezogen: 1) Aus einer Entwicklungsperspektive heraus ist LGBTIQA+ Inklusion notwendig, damit Entwicklungsvorteile sowohl für das Individuum, als auch für die Gesellschaft als Ganzes nicht verloren gehen; 2) Von einer Gleichheitsperspektive aus gesehen ist LGBTIQA+ Inklusion unerlässlich, um niemanden vom Entwicklungsversprechen auszuschließen. Aus dieser Gleichheitsperspektive heraus lässt sich dabei auch schließen, dass LGBTIQA+ Gleichheit der Geschlechtergleichheit zuzuordnen ist.

In Bezugnahme auf das Entwicklungsargument soll zunächst das Verhältnis zwischen Entwicklung und LGBTIQA+ Inklusion geklärt werden und mit Referenz zum Entwicklungsziel 8 zur menschenwürdigen Arbeit und Wirtschaftswachstum verdeutlicht werden. Dabei ist festzuhalten, dass ich mit einem holistischen Entwicklungsverständnis arbeite, das auch der Agenda 2030 zugrunde liegt. Es umfasst neben der wirtschaftlichen Entwicklung auch die menschliche und nachhaltige Entwicklung. Zudem ist es um die Komponente der sozialen Gerechtigkeit ergänzt, indem der gemeinsame Wohlstand als übergeordnetes Ziel fungiert. (Park und Mendos, 2018, S. 15)

Anschließend soll mittels des Gleichheitsarguments der menschenrechtsbasierende Ansatz der internationalen Entwicklungsarbeit beleuchtet und dabei herausgearbeitet werden, weshalb LGBTIQA+ Gleichheit der Geschlechtergleichheit entspricht. Es gilt hierbei zu verzeichnen, dass ich mit Killermann's Gendermodell arbeite, das über ein binäres Geschlechterverhältnis hinausgeht (2020) Abschließend sollen die Ergebnisse in einem konkludierendem Paragraphen zusammengefasst und die ein und andere Policy-Empfehlung für die Entwicklungszusammenarbeit abgegeben werden.

---

2 zB „EU Gender Action Plan II: From Implementation to Impact", Concorde, 2018; „Gewusst wie – Gender in der Entwicklungszusammenarbeit", VENRO Gender-Handbuch, 2010; „Gender Equality and the Empowerment of Women and Girls: Implementing the EU Gender Action Plan II - 2016-2020", BMEIA, 2017;

Die Entwicklungsperspektive

Die Vereinten Nationen sehen die Bekämpfung von Homophobie und Transphobie nicht nur als Menschenrechtspriorität, sondern auch als Entwicklungsimperativ. (UN Human Rights, 2015) Denn durch Marginalisierung, soziale Ausgrenzung und Kriminalisierung werden LGBTIQA+ Personen daran gehindert gleichermaßen an der Gesellschaft teilzunehmen, wodurch wichtige Entwicklungsvorteile für Individuen und die Gesellschaft insgesamt verloren gingen. (LGBTnet, 2019) Nicht nur seien die Raten von Armut, Arbeitslosigkeit und Ernährungsunsicherheit unter der LGBTIQA+ Community höher, sondern gleichzeitig ginge dies mit einem Verlust von menschlichem Potenzial, Talent, Kreativität und Produktivität für die breitere Gesellschaft einher. (UN Human Rights, 2015)

Daher seien einerseits die Kosten für Homophobie und Transphobie enorm und würden sich lt. einer kürzlich durchgeführten Pilotstudie der Weltbank für eine Ökonomie der Größe Indiens auf bis zu 32 Milliarden Dollar pro Jahr belaufen. (UN Human Rights, 2015) Andererseits bürge die erfolgreiche LGBTIQA+ Inklusion ein gewisses Entwicklungsversprechen. Das Weltwirtschaftsforum vertritt beispielsweise die Position, dass Länder mit besserer LGBTIQA+ Inklusion wirtschaftlich erfolgreicher wären, ein tendenziell schnelleres Wachstum aufwiesen und sich durch eine höhere Produktivität und bessere Wettbewerbsfähigkeit auszeichnen würden. (WEF, 2019)

Um die durch die internationalen Institutionen proklamierte Korrelation zwischen Entwicklung und LGBTIQA+ Inklusion zu beleuchten, können vier entwicklungstheoretische Ansätze in der Literatur verortet werden: Der Humankapitalansatz, der Ansatz postmaterialistischer Werte, die strategische Modernisierung und der Kapabilitätenansatz. Diese sollen zunächst hier vorgestellt und kritisch diskutiert werden.

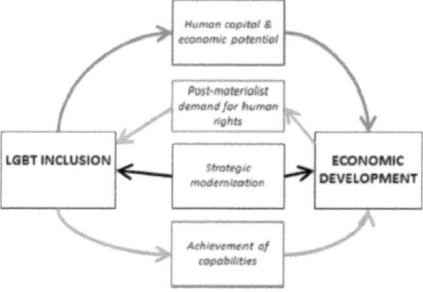

Figure 1: Causal pathways linking LGBTIQA+ inclusion and economic development.

Der Humankapitalansatz geht von einer Menge an Fähigkeiten, Fertigkeiten, Kenntnissen und menschlicher Gesundheit aus, welche die Produktivität des Einzelnen steigert und damit zum Wirtschaftswachstum beiträgt. (Mincer, 1958; Becker et al., 1990). Aus dieser Perspektive heraus würde durch verbesserte Einbeziehung von LGBTIQA+ Personen der Humankapitalbestand der Wirtschaft erhöht werden. Umgekehrt würde die Exklusion von LGBTIQA+ Individuen von Bildungs- und Gesundheitseinrichtungen zu einer Verringerung des Humankapitals und damit der Wirtschaftsleistung führen. Durch LGBTIQA+ Inklusion würde damit nicht nur das Wirtschaftswachstum erhört werden, sondern LGBTIQA+ Personen würden von der damit einhergehenden Stärkung ihrer Fähigkeiten, Fertigkeiten, Kenntnisse und Gesundheit selbst profitieren. (Badgett et al, 2019, S. 2) Es gilt dabei allerdings darauf hinzuweisen, dass die meisten Studien dieses Ansatzes sich auf Länder des „globalen Nordens" beziehen und mikroökonomischer Natur sind. (Badgett et al., 2019, S. 3-4) Zudem verkennt die Perspektive den Aspekt der nachhaltigen Entwicklung und beschränkt die Individuelle Entwicklung auf jene Elemente, die in direktem Zusammenhang mit der wirtschaftlichen Leistung stehen. Das Wohlergehen des Einzelnen und einer Nation wird dabei als Entwicklungsindikator außen vor gelassen und auch der Gedanke der sozialen Gerechtigkeit wird in diesem Ansatz nur ungenügend und als Mittel zum Zweck adressiert.

Der Ansatz postmaterialistischer Werte kehrt hingegen die Ursache-Wirkungsrichtung um. Länder würden Minderheitenrechte eher verwirklichen, nachdem sie sich wirtschaftlich entwickelt haben. Denn eine starke Wirtschaft ermögliche es über das reine Überlebensdenken hinaus sich mit Werten des Selbstausdrucks, der individuellen Autonomie, und der Menschenrechte zu beschäftigen (Inglehart, 1981, 2008). Mehrere Studien dieses Ansatzes belegen, dass Länder mit höherem Inklusionsgrad höhere Level von Pro-Kopf-Einkommen aufweisen, als jene mit geringem Inklusionsgrad. (Badgett et al., 2018, S. 5; Badgett et al., 2019, S. 3) Dabei sei angemerkt, dass methodisch bei diesen Studien mit öffentlichen Meinungsumfragen und Rechtsindizes[3] gearbeitet wurde, um das Level von Inklusion zu messen. Badgett et al. (2017) haben so beispielsweise berechnet, dass die Einführung eines zusätzlichen Rechtes einen Anstieg von $ 2.065,- im pro-Kopf-Einkommen bedeuten würde. Diese Methodik verkennt allerdings die gelebte Realität von LGBTIQA+ Personen und lässt damit nicht auf ihre tatsächlichen Entfaltungsmöglichkeiten schließen (= de facto vs. de jure). Zudem wurden in den wenigsten Studien Schwellen- oder Entwicklungsländer als Untersuchungsobjekte herangezogen, womit die Ergebnisse nur unzureichend abstrahiert werden können.

Ähnlich, wie im Humankapitalansatz wird das Entwicklungsverständnis beschränk – hier auf ein ökonomisches und rechtliches. Hinsichtlich des Gedankens der sozialen Gerechtigkeit, erweiterten Andersen and Fetner den postmaterialistischen Ansatz um diese Perspektive, indem sie feststellten, dass ein höheres Pro-Kopf-Einkommen für eine höhere Akzeptant von LGBTIQA+ Individuen alleine nicht ausreicht; die Einkommensverteilung sei dabei ausschlaggebend. Je gerechter das Einkommen in einem Land verteilt wird, desto höher die Akzeptanz von LGBTIQA+ Personen. (2008) Obwohl diesem Ansatz damit ein etwas breiteres Entwicklungsverständnis zugrunde liegt, können

---

3   ZB Gallup World Poll, Eurobarometer, Annual Reports of Statesponsored Homophobia – A World Survey of Laws, World Values Survey, Global Index on Legal Recognition of Homosexul Orientation (GILRHO), Transgender Rights Index, Legal Count Index, Legal Environment Index, Global Acceptance Index;

diese Studien nur eine teilweise kausale Korrelation von LGBTIQA+ Inklusion und Entwicklung belegen; d.h. Ein Entwicklungsfortschritt, muss nicht immer einen Fortschritt in LGBTIQA+ Inklusion bedeuten. Dennoch ist es wahrscheinlich, dass sich beide Kräfte gegenseitig bestärken. (Badgette et al., 2018, S. 5)

Der dritte Ansatz der strategischen Modernisierung verbindet LGBTIQA+ Inklusion und Entwicklung mit dem Interesse eines Landes Strategien anzuwenden, die beide Komponente fördern, um Offenheit und Modernität zu bekunden. Ziel sei dabei, das moderne Image, sowie weitere Anstrengungen zur Steigerung der Attraktivität des Landes zu nutzen, um Tourist_innen, potenzielle ausländische Investor_innen und Handelspartner_innen anzuziehen. (Weiss, 2007) In diesem Modell werden damit Entwicklung und Inklusion gleichzeitig verbessert, stehen aber nicht unbedingt in einem direkten Kausalzusammenhang, wie beim Ansatz des Humankapitals. (Badget et al., 2019, S. 3) Noland wies beispielsweise eine positive Korrelation zwischen LGBTIQA+ Akzeptant und ausländischen Direktinvestitionen nach (2005), während Florida in seiner Studie bestätigte, dass offene Unternehmenskulturen und LGBTIQA+ Visibilität auch Nicht-LGBTIQA+ Migrant_innen und Arbeitskräfte ins Land ziehen. (2001) Dh. Sichtbarkeit von LGBTIQA+ Menschen führt nicht direkt zu einer höheren Wirtschaftsleistung, sondern ist ein Indikator für eine zugrunde liegende offene Kultur, die Innovation fördert. (Florida & Tinagli, 2004).

Diesem Ansatz kann entgegengehalten werden, dass LGBTIQA+ Inklusion einem rein strategischen Interesse gilt; nämlich ein Land als Arbeits- und Produktionsstandort attraktiv zu machen, in der Hoffnung damit die Wirtschaft anzukurbeln. Das Entwicklungsverständnis beschränkt sich dabei auf ein Wirtschaftliches. Dimensionen der sozialen Gerechtigkeit, sowie die ökologische Komponente von Entwicklung, bleiben dabei völlig unterbelichtet. Auch das Wohlergehen des Einzelnen bleibt abgesehen vom ökonomischen Aspekt in diesem Ansatz unthematisiert. Damit einhergehend vernachlässigt der Ansatz auch die Entwicklungsbedürfnisse von LGBTIQA+ Personen unter die Lupe zu nehmen und impliziert damit ein vorwiegend utilitaristisches Modell zum Zweck des rein wirtschaftlichen Fortschrittes auf gesamtstaatlicher Ebene.

Der Kapabilitätenansatz hingegen geht über die rein wirtschaftliche Dimension von Entwicklung hinaus, in dem er Entwicklung als Erweiterung der Freiheit von Individuen auslegt, die es ihnen ermöglicht Entscheidungen darüber zu treffen, was sie tun und sein können, unabhängig von ihrer Zugehört zu einer bestimmten Identitätsgruppe. (Nussbaum, 2001; Sen, 1999). Das Einkommen wird dabei nur als ein Beitrag zu den Fähigkeiten von Personen gesehen, die Art von Leben zu führen, das sie führen wollen und die Person zu sein, die sie sein wollen. Der Ausschluss bestimmter Personengruppen schränkt die Entwicklung per Definition ein, da er mit der Einschränkung von Freiheit gleichgesetzt wird Entscheidungen darüber treffen zu können, was sie tun und sein können. (Waaldijk, 2013) Inklusion ist daher ausschlaggebend für das Wohlergehen von LGBTIQA+ Personen, sowie die gesellschaftliche und wirtschaftliche Entwicklung - in diesem Fall die Erweiterung von Fähigkeiten - als Ganzes. LGBTIQA+ Inklusion und Entwicklung stehen daher in einem klaren Kausalzusammenhang. (Badgett et al., 2019, S. 4)

Zum Beispiel konnten Badgett et al. durch ihre Studie mit mikro- und makroökonomischer Komponente unter Anwendung des Human Development Index (HDI) nachweisen, dass die Vorteile von LGBTIQA+ Inklusion über den rein wirtschaftlichen Effekt hinausgehen und in direktem Zusammenhang mit einem höheren HDI und damit einem verbesserten menschlichem Wohlbefinden einhergehen. (2014) Nun ist einzuwenden, dass der HDI nicht deckungsgleich mit den genannten Fähigkeiten bei Nussbaum und Sen ist, d.h. nur einen Bruchteil deren einfängt und somit nur eine Annäherung an ihr Model verkörpert. Zudem gibt er keinen Aufschluss über Aspekte sozialer Gerechtigkeit (zB Einkommensverteilung). (UNDP, 2019) Auch bestand eine weitere Herausforderung laut den Autor_innen darin, dass es nur wenige vergleichbare internationale Indikatoren gibt, die grundlegende Aspekte des tatsächlichen LGBTIQA+-Lebens wie Bevölkerungsgröße, Einkommen, Armut oder Gesundheit widerspiegeln und daher nur Schwellenländer mit LGBTIQA+ existenten Daten in die Studie mit einbezogen werden konnten. (Badgett et al., 2019, S. 4)

Bezugnehmend auf die vier entwicklungstheoretischen Ansätze kann zusammenfassend festgehalten werden, dass trotz Kritikübung an ihren Auslegungen, jeder eine positive Beziehung zwischen LGBTQA+ Inklusion und (vorrangig wirtschaftlicher) Entwicklung, entweder per Definition (Kapabilitätenansatz) oder über die politischen und ökonomischen Verbindungen, die den Ansätzen zugrunde liegen, aufweist. Die Wahrscheinlichkeit, dass sich LGBTQA+ Inklusion und Entwicklung dabei gegenseitig verstärken wurde anhand der dargestellten Korrelationen verdeutlicht. Was dies konkret für die LGBTIQA+ Inklusion in der Agenda 2030 bedeutet, soll nun Anhand des nachhaltigen Entwicklungsziel 8 mit Fokus auf die menschenwürdige Arbeit verdeutlicht werden.

LGBTIQA+ im Kontext Menschenwürdiger Arbeit

Beschäftigung wird oftmals als wichtigstes Bindeglied zwischen Wirtschaftswachstum und Armutsbekämpfung angesehen. (Park u. Mendos, 2018, S. 57) Der Zugang zu (menschenwürdiger) Arbeit ist daher nicht nur von wirtschaftlicher Bedeutung, sondern ist auch ein wesentlicher Aspekt für LGBTIQA+ Menschen, da er eng mit ihrem sozioökonomischen Empowerment und mit ihrer Fähigkeit zur Teilnahme am gesellschaftlichen Leben verbunden ist. (UNDP, 2018) Die Ziele des SDG

8 zur menschenwürdigen Arbeit, wie die Förderung von entwicklungsorientierten Politiken, welche die Schaffung menschenwürdiger Arbeitsplätze begünstigen (8.3), gleiches Entgelt für gleichwertige Arbeit (8.5), den Anteil junger Menschen ohne Beschäftigung zu verringern (8.6), sowie die Arbeitsrechte zu schützen und sichere Arbeitsumgebungen zu schaffen (8.8) (SDG Watch Austria) sind daher auch wesentlich für LGBTIQA+ Personen. Ihre explizite Inklusion in diese Ziele und deren Indikatoren, ist daher unerlässlich.

LGBTIQA+ Inklusion ist dabei als markanter Schritt zur Eliminierung von Diskriminierung von LGBTIQA+ Personen zu sehen, welche eine grundlegende Herausforderung für die Verwirklichung des SDG 8 und der breiteren Entwicklungsagenda darstellt. (UNDP, 2018) Denn laut Ozeren (2014) sind LGBTIQA+ Personen mit mindestens zwei Hindernissen für eine gleichberechtigte Teilnahme in der Arbeitswelt konfrontiert. Die erste, formelle Diskriminierung genannt, umfasst Diskriminierung bei Einstellung, Beförderung und ungleichen Löhnen. Die zweite, informelle Diskriminierung genannt, umfasst verbale Belästigung, Glaubwürdigkeitsverluste, sowie mangelnde Akzeptanz und Respekt von Kolleg_innen und Vorgesetzten.

Bezüglich formeller Diskrimierung bestätigt beispielsweise eine Studie über LGBTIQA+ Personen in OECD Ländern, dass LGBTIQA+ Individuen bei Einstellungsgesprächen seltener zurückgerufen werden, als ihre heterosexuellen Kolleginnen und Kollegen. (Valfort, 2017) Auch konnten Daten einer Volkszählung in Indien eine deutlich geringere Beschäftigungsrate von Transgender Personen gegenüber der generellen Bevölkerung nachweisen. (Nagarajan, 2014) Eine Metaanalyse von Studien zu Lohnunterschieden in den USA, den Niederlanden, Großbritannien, Schweden, Griechenland, Frankreich und Australien zeigt zudem deutliche Einkommensunterschiede bei LGBTIQA+ Personen auf. (Klawitter, 2014) Hinsichtlich informeller Diskriminierung spiegeln Studien über LGBTIQA+ Arbeitnehmer_innen in China, auf den Philippinen, in Thailand (ILO und UNDP, 2018), Hongkong (Holning u. Stotzer, 2001), Chile (Barrientos u. Bozon, 2014) und Indonesien (ILO, 2016) Diskriminierungsmuster von Belästigung und minderwertiger Behandlung am Arbeitsplatz wider. Dabei konnte in allen erwähnten Studien eine herausragende Benachteiligung von transgender Personen auch gegenüber ihren LGBIQA+ Kolleg_innen vernommen werden.

Auffallend ist, dass sich die Studien hauptsächlich auf Länder des nördlichen bzw. westlichen und asiatischen Raumes beschränken. Es scheint damit, als bleibe die Thematik in Afrika und tlw. Südamerika bei den großen und internationalen Studien (noch) komplett unterbelichtet. Zudem erweist sich damit zunächst nur ein gewisser Nachteil gegenüber LGBTIQA+ Individuen selbst; nämlich ihr Leben nicht so führen zu können, wie sie gerne möchten (=Kapabilitätenansatz). Das dies damit auch ein Manko für die gesamtgesellschaftliche Entwicklung bedeutet, wird davon abgeleitet. Es gilt aber konkreter zu fragen, ob die Inklusion von LGBTIQA+ Belangen auf mikro-ökonomischer Ebene auch mit einem klaren Mehrwert für die Unternehmen selbst einhergeht.

Sander van Noordende, ehem. CEO von Accenture, und Karl von Rohr, Mitglied der Geschäftslei-tung der Deutsche Bank, bezeichnen die Inklusion von LGBTIQA+ Individuen als „business im-perative". Denn Unternehmen, die eine Gleichheitskultur aufweisen, seien nicht nur innovativer, sondern letztlich auch erfolgreicher. (WEF, 2019) Eine Studie der ILO hat diesbezüglich nach-gewiesen, dass inklusive Unternehmen tatsächlich eine höhere Produktivität und Profitabilität aufweisen. Zudem geht eine inklusive Unternehmenskultur mit einer verbesserten Fähigkeit einher Talente anzuziehen und zu erhalten, und führt zu vermehrter Kreativität, Innovation und Offenheit. (2019, S. 21) Auch die Studie von McKinsey & Company zeigt, dass die Wahrscheinlichkeit bei Unternehmen mit diversen Führungsteams um ein vielfaches höher ist eine überdurchschnittliche Rentabilität zu erzielen. (2018) Entwicklungstheoretisch kann dies jedenfalls auf ein gesteigertes Humankapital zurückgeführt werden.

Zusätzlich würden inklusive Unternehmen von einer verbesserten Reputation profitieren. (2019, S. 21) Die Deloitte Millennial Survey (2018) führt dies vor allem auf den Milleniumquotienten zurück. Dies bedeutet einerseits, dass 47 % der Millenials aktiv nach Diversität und Inklusion bei der Jobsuche Ausschau halten, andererseits die Meinung vertreten, dass inklusive Unternehmen innovativer seien. Diversität wird damit zum Schlüsselfaktor für Unternehmen, welche Millenials in ihrer Arbeiternehmer_innenschaft erhalten oder aufnehmen wollen. Denn diese sollen bis ins Jahr 2025 75 % der globalen Belegschaft ausmachen. D.h. inklusive Unternehmen sind nicht nur erfolg-reicher, sondern werden auch als attraktive Arbeitgeber_innen unter der aufstrebenden Arbeiter_in-nenschaft der Millenials gesehen. Die Ansätze post-materialistischer Werte und der strategischen Modernisierung kommen hierbei zu tragen.

LGBTIQA+ Exklusion rechnet sich für Unternehmen also nicht. Gleichzeitig werden Unternehmen dadurch angehalten neue Richtlinien zu verabschieden, um den Arbeitsplatz für LGBTIQA+ Perso-nen sicher, fair und akzeptabel zu mache und ihre Anti-diskriminierungsbemühungen so weit aus-zubreiten, dass sie auch die Geschäftspraktiken entlang ihrer gesamten Lieferkette erfassen. (UN Human Rights, 2015) Auf globaler Ebene, steckt beispielsweise in der Initiative „Partnership for Global LGBTI Equality" ein Versuch globaler Unternehmen durch Operationalisierung der United Nations LGBTI Standards of Conduct die LGBTIQA+ Inklusion voranzutreiben. (WEF, 2019) Es gilt allerdings anzumerken, dass dabei hauptsächlich die renommiertesten Unternehmen der Länder des Nordens an dieser Initiative beteiligt sind. In diesem Zusammenhang muss angemerkt werden, dass Unternehmen nicht frei von staatlichen Regulierungen operieren, die ihnen Bestrebungen zur LGBTIQA+ Inklusivität entweder erleichtern oder erschweren können. Somit können Unternehmen des nördlichen Raumes oftmals einen Startvorteil gegenüber ihren Mitunternehmen im Süden verzeichnen und damit wiederum einfacher vom Entwicklungsversprechen profitieren.

Die vorangegangenen Zeile lassen also darauf schließen, dass die Verankerung der LGBTIQA+ Inklusion im nachhaltigen Entwicklungsziel 8 maßgeblich ist. Nun darf allerdings das SDG 8 nicht unabhängig von den weiteren Entwicklungszielen gesehen werden, denn diese erfreuen sich gegenseitiger Bedingtheit. Das ziel zur menschenwürdigen Arbeit kann also nicht unabhängig von den anderen Zielen erreicht werden. Demnach wäre zu empfehlen, dass die Inklusion von LGBTIQA+ Belange über die gesamte Agenda 2030 gemainstreamed wird. Dies ist auch gegenwärtiges Unterfangen von UNDP und der Weltbank, die sich das Queering der nachhaltigen Entwicklungsziele mittels Erstellung eines „LGBTI Inclusion Index" zur Aufgabe machen. (2018) Weshalb komplementär dazu die LGBTIQA+ Inklusion im SDG 5 zur Geschlechtergleichstellung explizit verankert werden sollte, soll im nachstehenden Kapitel eingehend erläutert werden.

Die Gleichheitsperspektive

Aus einer engen, rein ökonomischen Entwicklungsperspektive heraus liest sich die LGBTIQA+ Inklusion in die nachhaltigen Entwicklungsziele eher wie ein Mittel zu einem utilitaristischen Zweck. Um den Aspekt der Instrumentalisierung abzuschwächen bzw. zu komplementieren, muss die Entwicklungsperspektive nicht nur aus einem breiten Entwicklungsverständnis heraus gedacht werden, sondern auch explizit um die Gleichheitsperspektive erweitert werden, die diesem inherent ist. Diese verbirgt sich nämlich auch hinter dem Universalitätsprinzip und dem Prinzip niemanden zurückzulassen (ie, 2019) der Agenda 2030. So gelten die nachhaltigen Entwicklungsziele ohne jegliche Diskriminierung für alle Menschen in allen Ländern; d.h. in entwickelten und sich entwickelnden Ländern gleichermaßen.

Durch das dahinterliegende Gleichheitsgebot lässt sich damit nicht nur ein Anspruch auf die Verwirklichung der SDGs für alle Menschen ableiten (Nelson and Dorsey, 2003), sondern auch das Recht bzw. die Pflicht zur ausdrücklichen LGBTIQA+ Inklusion in die 2030 Agenda. Denn das Bindeglied zwischen der Entwicklungsagenda und dem Gleichheitsgebot sind die Menschenrechte, welche proklamieren, dass alle Menschen frei und gleich an Würde und Rechten geboren sind.

(UDHR, 1948) Zudem ist das Verbot der Diskriminierung in zwei internationalen Pakten (ICCPR, ICESCR; 1966) verankert und eine Resolution der Vereinten Nationen weist explizit auf das Verbot von Diskriminierung aufgrund sexueller Orientierung hin (para. 2, 2003) Dabei muss darauf aufmerksam gemacht werden, dass Menschenrechte zu ihrem Selbstzweck existieren; d.h. Menschen haben Rechte, weil sie Menschen sind, und nicht, um ein größeres Projekt zu realisieren. Auch im Menschenrecht auf Entwicklung ist dieser Gedanke, wie folgt, verdeutlicht: „[...] the human person is the central subject of the development process and [...] development policy should therefore make the human being the main [...] beneficiary of development." (UNGA, 1986)

Die Distinktheit der Entwicklungs- und der Menschenrechtsagenda wird allerdings deutlich, wenn man sich die asymmetrische Weiterentwicklung von LGBTIQA+ Themen in Bezug auf beide Bereiche vergegenwärtigt. Obwohl es für Staaten und UN-Menschenrechtsmechanismen keine Seltenheit mehr ist LGBTIQA+ Belange im Rahmen von Menschenrechtsverpflichtungen spezifisch zu referenzieren, bezieht sich keines der Ziele oder der Indikatoren in den SDGs auf solche Belange. Des Weiteren beläuft sich die Zahl der LGBTIQA+ NROs und Befürworter_innen, die am SDG-Prozess teilnehmen, auf einen Bruchteil jener, die in den Verfahren des UN-Menschenrechtsrates und der Vertragsorgane partizipieren. Darüber hinaus bilden Resolutionen der UN-Generalversammlung, die Yogyakarta-Grundsätze und Berichte des Amtes des High Commissioner for Human Rights (OHCHR) eine maßgebliche Unterstützung für die Einbeziehung von LGBTIQA+ Personen in Menschenrechtsdiskussionen. Aus entwicklungspolitischer Sicht gibt es aber kaum ähnlich bedeutenden Aussagen zu LGBTIQA+ Themen. (Park und Mendos, 2018, S. 16)

Inhaltlich wird diese Distinktheit vor allem deutlich, wenn man sich ihre Ansätzen vergegenwärtigt. Der Menschenrechtsansatz fragt danach, ob Staaten die Menschenrechtsstandards in Bezug auf LGBTIQA+ Individuen einhalten, während der Entwicklungsansatz danach trachtet, dass die Entwicklungsergebnisse von LGBTIQA+ Personen verbessert werden. Zum Beispiel ist das von vielen Staaten anerkannte Recht auf Gleichstellung ein zentrales Instrument von LGBTIQA+ Advocacy. In vielen Fällen kann eine Regierung, die LGBTIQA+ Personen schlecht behandelt, die Gleichstellungsstandards einhalten, solange sie alle gleich schlecht behandelt. Ein Entwicklungsansatz würde hingegen darauf abzielen, das Ergebnis von LGBTIQA+ Personen auf jedem Niveau zu verbessern, unabhängig davon, ob sie Unterschiede aufweisen. (Park und Mendos, 2018, S. 17)

Die beiden Agenden unterscheiden sich aber auch in der Frage, welche Art von Daten für Problembewertungen und Lösungen von Bedeutung sind. Nehmen wir zum Beispiel an, dass es Anzeichen gibt, dass LGBTIQA+ Personen am Arbeitsplatz mit Hindernissen konfrontiert sind. Als Ausgangspunkt würde der Menschenrechtsansatz die Policies der Arbeitgeber_innen und die relevanten Gesetze untersuchen und der Frage nachgehen, ob es Muster unfairer Behandlung gibt. Der Entwicklungsansatz hingegen würde damit beginnen, LGBTIQA+ Arbeitnehmer_innen selbst als Untersuchungssubjekte zu sehen und versuchen Informationen über Arbeitslosenquoten, Unterbeschäftigung, berufliche Fähigkeiten und Arbeitsverfügbarkeit einzuholen. (Park und Mendos, 2018, S. 17)

Um allerdings solche Problematiken in ihrer Gesamtheit erfassen zu können, ist die Arbeit in Silos nicht ratsam. Das Verständnis von Entwicklung und den Menschenrechten als zwei für sich abgeschlossene Arbeitsbereiche muss daher aufgebrochen werden. Tatsächlich lässt sich lt. Nyamu-Musembi und Cornwall (2004) eine Annäherung beider Disziplinen auf Policy-Ebene verzeichnen. Eine Begründung dafür liefert beispielsweise der Human Development Report (2000): Die menschliche Entwicklung sei wesentlich für die Verwirklichung der Menschenrechte und die Menschenrechte seien wesentlich für die volle menschliche Entwicklung. Einerseits betten die Menschenrechte Prinzipien der sozialen Gerechtigkeit in die Entwicklungsziele ein, helfen der Entwicklungsagenda auf die Vulnerablen zu re-fokussieren, sehen den Abbau von strukturellen Ungleichheiten vor und empowern Individuen, um selbst ihre Entwicklungsanliegen vorbringen zu können. Andererseits bringt die menschliche Entwicklung wiederum eine langfristige Perspektive zur Erfüllung von Rechten und lenkt die Aufmerksamkeit auf den sozioökonomischen Kontext, in dem Rechte verwirklicht werden können. (HDR, 2000, S. 2; 86)

Damit wird also deutlich, dass sich Menschenrechte und Entwicklung reinforcieren. Ihr Nexus wird daher speziell durch den menschrechtsbasierenden Ansatz (HRBA) in der Entwicklungszusammenarbeit (EZA) geprägt. Der HRBA wird zwar häufig dafür kritisiert, dass er keine allgemein gültige Definition aufweist (Gauri und Gloppen, 2012, S. 486), zeichnet sich aber durch Prinzipien wie „participation, accountability, equality and non-discrimination, transparency, and empowerment" aus (Gready, 2008, S. 736-737), welche deckungsgleich mit den transformativen Elementen der Agenda 2030, sowie jener ihrer Follow-up und Review Mechanismen (FUR) sind. (The Danish Insitute of Human Rights, 2018, S. 4) Das bedeutet, dass die Prozesse, mit denen Entwicklungsziele verfolgt werden, selbst die Menschenrechte respektieren und erfüllen sollten und Veränderungsprozesse, die durch Entwicklungshilfe gefördert werden, auf den eben genannten Prinzipien beruhen sollten. (Uvin, 2007, S. 603) Des Weiteren re-definiert der HRBA Entwicklungsarbeit als basierend auf Ansprüchen, denen durch rechtliche Verpflichtung anstatt durch reine Wohltätigkeit nachgekommen werden soll (Gready, 2008, S. 742-743) und bietet einen starken normativen Rahmen für die Ausrichtung der EZA. (Nyamu-Musembi und Cornwall, 2004, S. 17)

Der gemeinsame Nenner dieses Nexus liegt dabei in einem breiten Entwicklungsverständnis, welches das menschliche Wohlergehen in den Vordergrund rückt und sich stark am Kapabilitätenansatz orientiert, bei dem die Freiheit der Individuen und ihre Entfaltungsmöglichkeiten im Zentrum stehen. (HDR, 2000) Unterbelichtet bleibt hier allerdings die Perspektive der ökologischen Nachhaltigkeit, sowie die Tatsache, dass Entwicklungsfortschritte nicht immer mit der Erfüllung von Menschenrechten einhergehen müssen und vice-versa. Zudem wird oftmals kritisiert, dass die Menschenrechte ein Werk der Länder des Nordens verkörpern und in universalistischer Weise allen Ländern auferlegt wurden. Dementgegenzuhalten ist aber, dass die Menschenrechte einen globalen Konsens darstellen, wobei speziell der internationale Pakt über die sozialen, wirtschaftlichen und kulturellen Rechte, das Recht auf Selbstbestimmung und das Recht auf Entwicklung auf Initiative der Länder des Südens zurückgehen. (Hamm, 2001, S. 1008)

Die Gleichheitsperspektive verdeutlicht also, weshalb es notwendig ist Entwicklung nicht losgelöst von den Menschenrechten zu denken; ein Ansatz, der auch mit der Agenda 2030 im Einklang steht. Nun birgt aber die LGBTIQA+ Thematik noch ein weiteres zentrales Element, dessen Bedeutung im nächsten Abschnitt erläutert werden soll.

LGBTIQA+ im Kontext der Geschlechtergleichheit

Die Gleichstellung der Geschlechter ist Menschenrecht und Entwicklungsziel zugleich. Sie ist unter anderen internationalen Dokumenten, in einem der bekanntesten Menschenrechtsverträge der Welt, der Konvention zur Beseitigung jeder Form von Diskriminierung der Frau (CEDAW), verankert und verkörpert das Ziel 5 der Agenda 2030. Die Geschlechtergleichstellung hat sich ferner in den meisten Policy-Bereichen der Entwicklungszusammenarbeit durchgesetzt, und wird quer durch die Agenda 2030 gemainstreamed. (Equal Measures, 2019) Untersucht man allerdings die vorhandenen Instrumente, stellt man fest, dass dieser Fortschritt insofern reduzierend ist, als er auf einem binären Modell beruht, das nur Männer und Frauen und nicht alle Geschlechtsidentitäten umfasst. Solch binärer Ansatz zur Geschlechtergleichstellung verkennt damit nicht nur, dass Gender das konstituierende Element von LGBTIQA+ darstellt, sondern bedingt folglich auch das Abdrängen von LGBTIQA+ Thematiken in einen Nischenbereich, der eine parallele Architektur erfordert, um Entwicklungsfortschritte für LGBTIQA+ Personen erzielen zu können.

Der Krux des Begriffs der Geschlechtergleichstellung in seiner jetzigen Form beruht nämlich auf einem Missverständnis darüber, was Gender wirklich bedeutet. UNICEFs Definition von Gender als „social and cultural construct, which distinguishes differences in the attributes of men and women, girls and boys, and accordingly refers to the roles and responsibilities of men and women" (2017, S.

2) ist nur eine von zahlreichen unzulänglichen Genderdefinitionen, welche die internationale Gemeinschaft verabschiedet hat, denen ein binäres Geschlechterverständnis zugrunde liegt. Dies bezweckt wiederum einen binären Begriff der Geschlechtergleichstellung, der definiert wird als „the concept that women and men, girls and boys have equal conditions, treatment and opportunities for realizing their full potential, human rights and dignity, and for contributing to (and benefitting from) economic, social, cultural and political development." (UNICEF, 2017, S. 3) Folglich bleiben LGBTIQA+ Personen von der Debatte ausgeschlossen.

An dieser Stelle ist es berechtigt zu fragen, wie der Genderbegriff in seiner Gesamtheit verstanden werden kann. Killermann bietet hier ein Modell, das einem inklusiven Genderbegriff gerecht wird. Gender wird dabei in drei Kategorien unterteilt: Identität, Ausdruck, Geschlecht; oder SOGIESC[4],

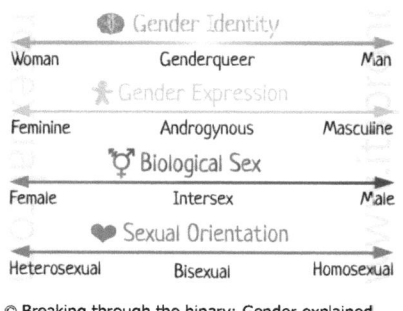

© Breaking through the binary: Gender explained
using continuums, Killermann (2019)

welchen allen Menschen zugrunde liegen. Diese Kategorien sind dabei eher als Kontinuums anstatt als binäre Unterteilungen zu verstehen. Während es bei der Genderidentität darum geht, wer eine Person zu sein glaubt, demonstrieren Individuen mittels Genderausdrucks, wer sie sind. Das biologische Geschlecht bezieht sich wiederum auf die physische Ausstattung von Personen, wie Organe, Hormone und Chromosomen, während Ihre sexuelle Orientierung davon abhängt, zu wen sie sich hingezogen fühlen. Dabei ist es wichtig anzuerkennen, dass einige Menschen in einer oder mehreren Kategorien außerhalb des Spektrums von Mann und Frau fallen; sich also mehr in der Mitte des Kontinuums positionieren und sich damit als Genderqueer, Agender, drittes Gender, bigender usw. identifizieren. (2011)

Die Kategorien als Kontinuums zu denken ist nur ein wichtiger Aspekt. Eine Weiterer besteht darin, sie als miteinander verbunden und nicht als unabhängig voneinander zu betrachten. Das bedeutet, dass die sexuelle Orientierung einer Person nicht ihren Genderausdruck bestimmt. Und ihr Genderausdruck wird nicht durch ihre Genderidentität bestimmt. Und ihre Genderidentität wird nicht durch ihr biologisches Geschlecht bestimmt." (Killermann, 2011) Es beeinflussen sich die Kategorien, bestimmen sich aber nicht gegenseitig. Diese Flexibilität in SOGIESC zeigt, dass Gender über eine binäre Vorstellung von Mann und Frau hinausgeht. Wenn demnach Gender in Formen von Kontinuen verstanden werden soll, muss die Bedeutung der Geschlechtergleichstellung genauso umfassend sein.

---

4   Sexual orientation, gender identity, expression, sex characteristics.

Obwohl das binäre Konzept der Geschlechtergleichstellung überholt ist, werden daran weiterhin eine Vielzahl von Ressourcen und Kapazitäten gebunden. Organisationen wie die International Lesbian, Gay, Bisexual, Trans and Intersex Association (ILGA, 2007) und die Europäische Kommission (2011) haben daher das Equality Mainstreaming[5] in Ergänzung zum Gender Mainstreaming als HRBA für ihre Aktivitäten übernommen. Um jedoch Parallelstrukturen für Themen gleicher Essenz zu vermeiden, wäre es empfehlenswert, das Gendermainstreaming um die LGBTIQA+ Perspektive zu erweitern (UNDP/PGA, 2017, S. 45) und damit LGBTIQA+ Belange nicht nur durch die Agenda 2030 zu mainstreamen sondern auch spezifisch im nachhaltigen Entwicklungsziel 5 zur Geschlechtergleichstellung zu verankern.

Schlussfolgerungen

In den vorangegangenen Seiten konnte also aufgezeigt werden, dass die LGBTIQA+ Inklusion in die Agenda 2030 aus entwicklungstheoretischer Perspektive und verdeutlicht am Beispiel des nachhaltigen Entwicklungszieles 8 zur menschenwürdigen Arbeit unerlässlich für die individuelle und gesamtgesellschaftliche Entwicklung ist. Es darf allerdings nicht verkannt werden, dass es noch vermehrt Studien über diese Thematik in Ländern Afrikas oder des nahen Ostens bedarf, um die Stichhaltigkeit dieser Perspektiven auch für diese Räume bestätigen zu können. Die Gleichheitsperspektive konnte zudem aufzeigen, dass Entwicklung und die Menschenrechte in einem gegenseitigen Wechselverhältnis zueinander stehen und die LGBTIQA+ Gleichheit einen wesentlichen Bestandteil der Geschlechtergleichheit verkörpert.

Für die Policy-Ebene ergibt sich daher nicht nur die Notwendigkeit LGBTIQA+ Belange durch die Agenda 2030 zu mainstreamen, sondern diese auch speziell im nachhaltigen Entwicklungsziel 5 zur Geschlechtergleichstellung zu verankern, um dieses Manko der LGBTIQA+ Exklusion mittels trickle-down effect beheben zu können. Maßnahmen in der Entwicklungszusammenarbeit sind also dementsprechend anzupassen und sollten einem menschenrechtsbasierendem Ansatz folgen. Das bedeutet einerseits, dass das Gendermainstreaming die LGBTIQA+ Gleichheit inkludieren muss und andererseits, dass specific-targeted actions um LGBTIQA+ Belange erweitert werden sollten, um zum entsprechenden Ergebnis gelangen zu können: „A world that is free and equal and more prosperious too!" (UN Human Rights, 2015)

---

5 Equality Mainstreaming wendet eine intersektionale Perspektive an und konzentriert sich auf integrative Entscheidungsfindung, Ergebnisgleichheit und die Beseitigung struktureller Hindernisse, um mögliche Diskriminierungen aufgrund von SOGIESC zu vermeiden. (2007, 2011)

Literaturverzeichnis

A/RES/71/313 „Annex: Global Indicator Framework for the Sustainable Development Goals and targets of the 2030 Agenda for Sustainable Development", Work of the Statistical Commission pertaining to the 2030 Agenda for Sustainable Development

Andersen, Robert und Fetner, Tina (2008) „Economic Inequality and Intolerance: Attitudes toward Homosexuality in 35 Democracies", American Journal of Political Science, Vol. 52, Nr. 4, S. 942–958

Badgett, Lee und Sell, Randall (2018) „A set of proposed Indicators for the LGBTI Inclusion Index", New York: UNDP

Badgett, Lee; Nezhad, Sheila; Waaldijk, Kees; und van der Meulen Rodgers, Yana (2014) „The Relationship between LGBTI Inclusion and Economic Development: An Analysis of Emerging ecnomies", the Williams Institute, USAID

Badgett, Lee; Park, Adrew; und Flores, Andrew (2018) „Links between Econoomic Development and new Measures of LGBTI inclusion", the Williams Institute, UCLA School of Laws

Badgett, Lee und Sell, Randall (2018) „A Set of Proposed Indicators for the LGBTI Inclusion Index", UNDP in partnership with the World Bank, New York

Badgett, Lee; Waaldijk, Kees; und van der Meulen Rodgers (2017) „The Level between LGBTI Inclusion and Economic Development. Micro and Macro-level Evidence, Manuscript.

Badgett, Lee; Waaldijk, Kees; und van der Meulen Rodgers, Yana (2019) „The Relationship between LGBT Inclusion and Economic Development: Macro-level Evidence", World Development Vol. 120, S. 1–14

Barrientos, Jaime und Bozon, Michel (2014) "Discrimination and Victimization against Gay Men and Lesbians in Chile: Two Patterns or Just One", Interdisciplinaria Vol. 3, Nr. 2
Becker, Gerry; Murphy, Kevin; und Tamura, Robert (1990) „Human Capital, Fertility, and Economic Growth", Journal of Political Economy, Vol. 98, Nr. 5, Part 2, S. 12–S37

CEDAW = UN General Assembly (1979) "Convention on the Elimination of All Forms of Discrimination against Women New York, 18 December 1979, zuletzt geöffnet: 14. März 2020; https://www.ohchr.org/documents/professionalinterest/cedaw.pdf

Deloitte (2018) „ 2018 Deloitte Millennial Survey: Millennials disappointed in Business, unprepared for Industry 4.0"

Equal Measures, https://www.equalmeasures2030.org/, zuletzt geöffnet: 14. März 2020

European Commission, DG Justice (2011) "Compendium of Practice on Non-Discrimination/ Equality Mainstreaming", https://op.europa.eu/en/publication-detail/-/publication/1c934780-2913-4061-a2be-7a86a33279c6, zuletzt geöffnet: 14. März 2020

European Economic and Social Committee (EESC) (2019) „Leaving no one behind when implementing the 2030 Agenda on Sustainable Development", https://www.eesc.europa.eu/en/agenda/our-events/events/leaving-no-one-behind-when-implementing-2030-agenda-sustainable-development, zuletzt geöffnet: 9. Februar 2020

Florida, Richard und Gates, Gary (2001) „Technology and Tolerance: The Importance of Diversity to technology-high Growth", Centre on Urban and Metropolitan Policy, Brookings, Washington DC

Florida, Richard und Tinagli, Irene. (2004) „Europe in the Creative Age", New York, NY: Demos.

Gauri, Varun and Gloppen, Siri (2012) „Human Rights-Based Approaches to Development: Concepts, Evidence, and Policy", Polity, Vol. 44, Nr. 4, The University of Chicago Press on behalf of the Northeastern Political Science Association, S. 485-503

Gready, Paul (2008) „Rights-Based Approaches to Development: What is the Value-Added?", Development in Practice, Vol. 18, Nr. 6, Taylor & Francis, Ltd. on behalf of Oxfam GB, S. 735-747

Hamm, Brigitte (2001) „A Human Rights Approach to Development", Human Rights Quarterly, The Johns Hopkins University Press, Vol. 23, Nr. 4, S. 1005-1031

Holning, Lau und Stotzer, Rebecca (2011) "Employment Discrimination Based on Sexual Orientation: A Hong Kong Study," Employee Responsibilities and Rights Journal, Vol. 23, No. 1

Hunt, Vivian; Prince, Sara; Dixon-Fyle Sundiatu und Yee, Lareina (2018) „Delivering Through Diversity", McKinsey & Company

ICCPR = UN General Assembly (1966) "International Covenant on Civil and Political Rights", 16 December 1966, United Nations, Treaty Series, vol. 999, p. 171, https://www.refworld.org/docid/3ae6b3aa0.html, zuletzt geöffnet: 7. März 2020

ICESCR = UN General Assembly (1966) "International Covenant on Economic, Social and Cultural Rights, 16 December 1966, United Nations, Treaty Series, Vol. 993, p. 3, https://www.refworld.org/docid/3ae6b36c0.html, zuletzt geöffnet: 7. März 2020

ie - School of Global and Public Affaires (2019) „What is the 2030 Agenda?" https://www.ie.edu/school-global-public-affairs/about/news/what-is-the-2030-agenda/, zuletzt geöffnet: 7. März 2020

ILGA (2019) „Sexual Orientation Laws in the World 2019", zuletzt geöffnet: 14. März 2020, https://ilga.org/ilga-map-sexual-orientation-laws-2019

ILO (2016) „PRIDE at Work: A Study on Discrimination at Work on the Basis of Sexual Orientation and Gender Identity in Indonesia", Working Paper No. 3, Gender, Equality and Diversity Branch.

ILO (2019) „The Business Case for Change", International Labour Organization, Bureau for Employers' Activities (ACT/EMP), Geneva/Switzerland

Inglehart, Ronald (1981) „Post-Materialism in an Environment of Insecurity", The American Political Science Review, Vol. 75, Nr. 4, S. 880–900

Inglehart, Ronald (2008) „Changing Values among Western Publics from 1970 to 2006", Western European Politics, Vol. 31, Nr. 1–2, S. 130–146

International Lesbian, Gay, Bisexual, Trans and Intersex Association (ILGA) (2007) "Equality Mainstreaming", zuletzt geöffnet: 14. März 2020 https://www.ilgaeurope.org/sites/default/files/Attachments/mainstreaming_fact_sheet_sept-07.pdf

Joshi, Yuvraj (2018) "Being LGBTI" in International Development", Routledge Handbook of Development Ethics

Killermann, Sam (2011) „Breaking through the Binary: Gender explained using Continuums", https://www.itspronouncedmetrosexual.com/2011/11/breaking-through-the-binary-gender-explained-using-continuums/, zuletzt geöffnet: 14. März 2020

Klawitter, Marieka (2014) "Meta-Analysis of the Effects of Sexual Orientation on Earnings," Industrial Relations Vol. 54, Nr. 1

Kuntz, Anabel; Davidov, Eldad; Schwartz, Shalom; und Schmidt, Peter (2015) „Human Values, legal Regulation, and Approval of Homosexuality in Europe: A Cross-Country Comparison", European Journal of Social Psychology, Vol. 45; Nr. 1, S.120–134

LGBTnet – Sexual Orientation and Gender Identity in Development Cooperation, "LGBT in Development Work", http://www.lgbtnet.dk/why-lgbt, zuletzt geöffnet: 14. März 2020

Mincer, Jacob (1958) „Investment in Human Capital and Personal Income Distribution", Journal of Political Economy, Vol. 66, Nr. 4, S. 281–302

Nagarajan, Rama (2014) "First Count of Third Gender in Census: 4.9 lakh," The Times of India, May 30, 2014.

Nelson, Paul und Dorsey, Ellen (2003) „At the Nexus of Human Rights and Development: New Methods and Strategies of Global NGOs", University of Pittsburgh, Pittsburgh, PA, USA

Noland, M. (2005) „Popular Attitudes, Globalization and Risk. International Finance", Vol. 8, Nr. 2, S. 199–229

Nussbaum, Martha (2001) „Women and Human Development: The Capabilities Approach", Vol. 3, Cambridge, UK: Cambridge University Press

Ozeren Emir (2014) "Sexual Orientation Discrimination in the Workplace: A Systematic Review of Literature", Procedia-Sexual and Behavioral Sciences 109

Park, Andrew and Mendos, Lucas Ramon (2018) „For All: The Sustainable Development Goals and LGBTI People", Swedish Federation for Lesbian, Gay, Bisexual, Transgender and Queer Rights (RFSL)

Rumbach, Jennifer and Knight, Kyle "Chapter 3: Sexual and Gender Minorities in Humanitarian Emergencies" in Roeder, Larry (2014) "Issues of Gender and Sexual Orientation in Humanitarian Emergencies: Risks and Risk Reduction", Springer International Publishing, Switzerland

SDG Watch „SDG 8 - Menschenwürdige Arbeit und Wirtschaftswachstum", https://www.sdgwatch.at/de/ueber-sdgs/8-menschenwurdige-arbeit-und-wirtschaftswachstum/; zuletzt geöffnet: 22. Februar 2020

Sen, Armatya (1999) „Development as Freedom", Oxford: Oxford University Press

The Conversation (2014) „United Nations under Pressure to Protect 'Traditional Families' over Individual Rights", https://theconversation.com/united-nations-under-pressure-to-protect-traditional-families-over-individual-rights-31757, zuletzt geöffnet: 9 Februar 2020

The Danish Institute for Human Rights (2018) „Human Rights and the 2030 Agenda for Sustainable Development: Lessons Learned and Next Steps", Permanent Mission of Denmark to the United Nations in Geneva-

UDHR = UN General Assembly (1948) "Universal Declaration of Human Rights", 10 December 1948, 217 A (III), https://www.refworld.org/docid/3ae6b3712c.html, zuletzt geöffnet: 7. März 2020

UNDP (2018) „Report details Workplace Discrimination faced by LGBTI People in China, the Philippines and Thailand", China.

UNDP (2019) „Human Development Reports: Table 1: Human Development Index and its Components", http://hdr.undp.org/en/content/table-1-human-development-index-and-its-components-1, zuletzt geöffnet: 16. Februar 2020

UNDP/PGA (2017) "Advancing the Human Rights and Inclusion of LGBTI People: A Handbook for Parliamentarians", https://www.pgaction.org/inclusion/pdf/handbook/en.pdf, zuletzt geöffnet: 14. März 2020

UN ECOSOC = UN Economic and Social Council (2003) „Brazilian Resolution - The Resolution on Human rights and sexual orientation", E/CN.4/2003/L.92, Commission on Human Rights, Agenda Item 17, 17 April 2003, zuletzt geöffnet: 7. März 2020 https://web.archive.org/web/20091030051521/http://www.ilga.org/news_results.asp?LanguageID=1&FileCategory=44&FileID=406

UNGA = UN General Assembly (1986) „Declaration on the Right to Development", Resolution 41/128, 4 December 1986, zuletzt geöffnet: 7. März 2020 https://www.ohchr.org/en/professionalinterest/pages/righttodevelopment.aspx

UN Human Rights (2015) „UN Free & Equal – The Price of Exclusion" , https://www.unfe.org/, zuletzt geöffnet: 15 Februar 2020

UNICEF (2017) „Gender Equality: Glossary of Terms and Concepts", zuletzt geöffnet: 14. März 2020, https://www.unicef.org/rosa/media/1761/file/Gender%20glossary%20of%20terms%20and%20concepts%20.pdf

UN Sustainable Development Goals Knowledge Platform „Sustainable Development Goals", https://sustainabledevelopment.un.org/sdgs, zuletzt geöffnet: 9 Februar 2020

Valfort, Marie-Anne (2017) "LGBTI in OECD Countries: A Review" Vol. 33, Juni 2017

Waaldijk, K. (2013) „The Right to Relate: A Lecture on the Importance of "Orientation" in Comparative Sexual Orientation Law", Duke Journal of Comparative and International Law, Vol. 24, Nr. 1, S. 161–199

Weiss, Meredith (2007) „We know who you are. We'll employ you': Non-discrimination and

Singapore's bohemian Dreams" In Badgett, Lee und Frank, Jefferson (Eds.), Sexual Orientation Discrimination: An International Perspective, S. 164–176, NY: Routledge

World Economic Forum (2015) „Why the new Sustainable Development Goals should include LGBT Rights" https://www.weforum.org/agenda/2015/05/why-the-new-sustainable-development-goals-should-include-lgbt-rights/, zuletzt geöffnet: 9 Februar 2020

World Economic Forum (WEF) (2019) Pressekonferenz „Are we there yet? The Status of LGBTI Inclusion", Pressestatement von Saadia Zahidi, Managing Director, World Economic Forum, https://www.weforum.org/our-impact/LGBTI-equality-in-workplace; zuletzt geöffnet: 21. Februar 2020